CATALOGUE
DES
DIFFÉRENS EFFETS CURIEUX
DU SIEUR CRESSENT,
ÉBÉNISTE DES PALAIS DE FEU S. A. R.
MONSEIGNEUR
LE DUC D'ORLEANS,
RÉGENT DU ROYAUME.

Se distribue

A PARIS, RUE BASSE DES URSINS,

Chez REGNARD, Imprimeur-Libraire de l'Académie Françoise.

___

M. DCC. LXV.

AVERTISSEMENT.

LE Sieur Creffent, Sculpteur & Ebéniste de feu Son A. R. Monseigneur le Duc d'Orléans, Régent, exposera en vente, dans l'Hôtel Desmarets, rue Neuve Saint-Augustin, une collection de Tableaux de tous les meilleurs Auteurs; une quantité de toutes fortes d'Ouvrages d'Ebénisterie, tant en Commodes, Encoignures, Médailliers; plusieurs dessus de Marbre des plus rares : tous ces Ouvrages sont garnis en Bronze doré en or moulu. Plusieurs Pendules des plus excellens Ouvriers ; des Vases & Figures en Porcelaines ; Bustes en Bronze, & plusieurs autres Ouvrages non achevés.

On pourra voir les objets ci-dessus tous les matins depuis neuf heures jusqu'au soir, à commencer du Dimanche 10 Mars 1765 jusqu'au Mardi 19 du même mois, que la vente commencera. Elle sera indiquée par des Affiches.

CATALOGUE
DES
DIFFÉRENS EFFETS CURIEUX
DU SIEUR CRESSENT.

TABLEAUX.

N°. 1. N Tableau peint fur toile, de vingt pouces de large, fur quinze de haut, repréfentant un Payfage, avec des Vaches & Moutons, & un Pâtre fur le devant, affis près d'eux pour les garder, de *David Teniere*.

N°. 2. Un Tableau peint fur toile, formant un des plus beau Payfage; il y a un arbre auffi beau que le plus beau de *Claude le Lorrain*; le lointain compofé dans un Pays plat d'une longueur confidérable. De vingt-quatre pouces de haut, fur vingt pouces de large, de *Kereim*.

N°. 3 & 4. Deux Tableaux pendans peints fur toile de quatre pieds & demi de long, fur trois pieds fix pouces. Le premier repréfente Jupiter fous la figure de Diane, prêt à féduire la Nym-

A iij

phe Calipſo, qu'il tient nue & couchée ſur quelques draperies; & ſur un plan plus éloigné, l'on apperçoit l'Amour tenant l'Aigle de Jupiter. L'autre, de même grandeur, repréſentant Vénus & Adonis; cette Déeſſe eſt nue, couchée ſur une draperie gris de lin, dans la ſituation la plus voluptueuſe, careſſant ſon Amant, préparé à partir pour la Chaſſe.

N°. 5. Un Tableau peint ſur toile, repréſentant un Payſage, avec une Chaſſe & quantité de Chiens, dont les Figures ſont de *Stalbin*, les Bois & les Châteaux de *Savary*: il provient de la vente de M. le Prince de Carignan.

La compoſition eſt ſi conſidérable, qu'elle peut aller de pair avec les plus beaux de *Paul Bril*, étant dans le même goût: il eſt de ſept pieds trois pouces de long, ſur cinq de haut.

N°. 6. Un Tableau ſur toile, de *Valentin*, de ſept pieds trois pouces de large, ſur cinq pieds de haut; de ſept Figures grandes comme nature, repréſentant Dalila occupée à faire couper les cheveux à Samſon, tandis qu'elle le tenoit endormi ſur ſes genoux; un Soldat ayant l'épée à la main, prêt à lui percer le cœur, au cas qu'il ſe reveille: on voit la temérité peinte ſur le viſage de cette méchante Femme.

N°. 7 & 8. Deux pendans Payſages de trois pieds ſix pouces de large, ſur deux pieds neuf pouces de haut. Il faut être grand Connoiſſeur pour ne pas croire qu'ils ſont de *Claude le Lorrain*; les Arbres, les Animaux & Figures approchent ſi fort de ce grand Peintre, que beaucoup de Curieux ſe trompent. Un peint par *Salfaliniſe*, & l'autre par *Vanburdat*, tous deux Flamands.

N°. 9. Un Tableau peint sur toile, représentant Mars & Venus, avec des Enfans qui jouent avec ses Attributs, colorié comme *Rubens*, de cinq pieds six pouces de haut, sur quatre pieds six pouces de large, du *Padouan*.

N°. 10. Un Tableau peint sur bois devant & derriere, tenant au Cabinet du Sieur Cressent, représentant, d'un côté, deux Apoticaires, & de l'autre, un Homme avec sa Femme & ses quatre Enfans, il a trente-deux pouces de haut, sur vingt-deux de large, de *Holbein*.

N°. 11. Un Tableau peint sur bois, où il y a quantité de Figures, tant Femmes qu'Enfans ; il a trente-deux pouces de haut, & autant de largeur.

N°. 12 & 13. } Deux Tableaux Portraits grands comme nature, avec leurs Mains ; les Armes du Mari & de la Femme sont à chaque Tableau. On n'en fait pas le récit, pour laisser aux Curieux la satisfaction d'en juger : ils sont du plus beau de *Vandecque*, de trois pieds six pouces de haut, sur deux pieds dix pouces de large. *Vandecque*.

N°. 14. Une Marine, avec une fort belle Architecture, où l'on voit un Capitaine de Vaisseau dans une Chaloupe, venir aborder à un Château sur le Rivage, pour y demander la subsistance pour son Bâtiment : il a quatre pieds de large, sur deux pieds huit pouces de haut; de *Claude le Lorrain*.

N°. 15. Un Tableau peint sur bois, de trois pieds neuf pouces de large, sur deux pieds deux pouces six lignes de haut, repréſentant le Combat des Amazones. Ce Tableau eſt le premier que fit *Rubens*, lorſqu'il entreprit de repréſenter le Combat des Amazones. Il n'y a rien épargné pour faire voir la force de ſon Pinceau; toutes les Figures, tant Hommes que Femmes & Chevaux, preſqu'innombrables, quoiqu'en racourci, y font un effet ſi ſurprenant, & y ſont peints avec tant d'art, qu'il n'eſt point de terme aſſez énergique pour en faire ſentir toutes les beautés. C'eſt un des beaux chef-d'œuvres de *Rubens*, qui a employé ſon vaſte génie pour le rendre parfait. Il y a fait paroître la lumiere, & une rondeur toute différente de celle des autres Peintres; les Figures y paroiſſent toutes iſolées, & ſemblent être animées & ſe mouvoir. *Rubens.*

Nº. 16. Un Tableau repréſentant le Rivage de la Mer, & un grand bel Arbre ſur le devant. Dans le lointain, on apperçoit pluſieurs Vaiſſeaux & pluſieurs Figures. L'on y voit une vapeur qui n'appartient qu'à un grand Maître tel que *Claude le Lorrain* : il eſt de quatre pieds un pouce ſix lignes de large, ſur trois pieds un pouce de haut. *Claude le Lorrain.*

Nº. 17 & 18. } Deux Tableaux pendans; l'un repréſentant David ſe repoſant, après la défaite de Goliath; il eſt aſſis près d'une pierre, ſur laquelle eſt poſée la Tête de ce Géant, tenant d'une main ſon Epée, & de l'autre une Fronde.

L'autre pendant repréſente Judith pareillement aſſiſe, les yeux levés, & le bras gauche étendu vers le Ciel, qu'elle ſemble remercier & invoquer pour qu'il l'aide à mettre à fin la Victoire qu'elle vient de remporter ſur Holopherne, à qui elle vient de trancher la Tête, qu'elle tient encore par les cheveux, posée sur une Table, où est le Sabre de ce Général. Ces deux Tableaux ont été regardés par l'Académie, avec admiration, comme deux morceaux achevés : ils sont peints sur toile, de cinq pieds de long, sur quatre pieds de haut ; ils sont de *Nattier l'aîné*.

N°. 19. Un Tableau de deux pieds de large, & deux pieds de haut, représentant plusieurs pieces de Gibier, de *Van Housse*.

N°. 20 & 21. Deux petits Tableaux représentant des Baigneurs, de dix pouces six lignes de large, également de hauteur, en Paysage : ils sont de *Corneille Pollembour*.

N°. 22. Un Tableau ovale, représentant le Portrait de Vandick, peint & gravé par lui-même. Jusqu'au collet de l'habillement il est peint par *Rigaud*, premier Peintre du Roi ; le Sieur Cressent l'a acheté après le décès dudit Rigaud : il est de vingt-cinq pouces de haut, sur vingt-un pouces de large : de *Vandick*.

N°. 23. Un Tableau représentant le Mardi gras qui se bat contre le Carême, de vingt pouces de large, sur quatorze pouces de haut : de *Braore*.

N°. 24 & 25. Deux Pendans représentans les Concerts de M. Caze, de vingt-quatre pouces de large, sur trente pouces de haut.

N°. 26. Un Tableau peint sur bois, représentant trois Figures : N. Seigneur avec un Compagnon, & un Ecrivain qui écrit, de deux pieds de large, sur dix-huit pouces de haut.

N°. 27. Un Tableau peint sur toile, représentant un Paysage, avec des Maisons entourées d'Arbres, & à distance, on voit une Cabaretiere sur sa porte qui tient un pot à la main, & cinq Personnes à table. Plus bas on voit une Fille à la porte d'une encoignure de Maison qui écoute deux Garçons qui content fleurettes à une autre Fille, ce qui compose dix Figures : ce Tableau est de cinq pieds un pouce de large, sur trois pieds six pouces de haut, par *David Teniere*.

N°. 28. Un magnifique Paysage peint sur bois, estimé par les Curieux être de *Paul Bril*, par d'autres, de *Breugher de Velours*, tant la Forêt se trouve feuillée d'un goût parfait; l'on voit dans la percée de la Forêt, sur le devant, deux Figures espece d'Athalante, peintes par *Berguem*, la Forêt par *Vinquebourg*, qui étoit Maître de *Paul Bril* & de *Breugher de Velours*.

N°. 29. Un Tableau peint sur toile, & appliqué sur bois, représentant les sept œuvres de Miséricorde ; il a deux pieds neuf pouces de large, sur deux pieds deux pouces de haut, de la plus belle composition, d'un dessein parfait pour la noblesse des Figures ; il fait un effet merveilleux : de *D. Teniere*.

N°. 30. Un Tableau peint sur bois, de vingt-six pouces de haut, sur trente-six de large, représentant un Paysage, où est un Berger gardant ses Moutons sur un Rocher, au bord d'une Riviere, à la pointe d'une Forêt : de *Rubens*.

N°. 31. Un Tableau représentant la superbe Eglise des Jésuites d'Anvers, peint sur toile, de dix-huit pouces de haut, fur vingt pouces de large.

N°. 32. Un Tableau peint fur toile, repréfentant une femme nue, couchée fur un lit, dans le goût de *Paul Veronefe*, de dix-huit pouces de large, fur treize pouces de haut : de *David Teniere*.

N°. 33 & 34. } Deux Portraits pendans peints fur bois, dont l'un repréfente le Portrait de *Rimbrandt*, & l'autre une jeune Fille, dans le goût de la Craffeufe ; tous deux de deux pieds fix pouces de haut, fur deux pieds de large : de *Rimbrandt*.

N°. 35 & 36. } Deux pendans peints fur toile, repréfentans des Marines d'*Armand d'Italie*. Il a pris plaifir à les peindre, comme étant les uniques qu'il ait peintes en fa vie ; ils ont vingt-trois pouces de largeur, fur dix-neuf pouces de hauteur. *Armand d'Italie*.

N°. 37. Un Portrait avec les deux mains, peint fur bois, de deux pieds un pouce fix lignes de large, fur trois pieds trois pouces fix lignes de haut, par *Titien*.

N°. 38. Un Tableau peint fur toile, repréfentant une Charité fous la figure d'une Femme qui a trois Enfans, deux Garçons & une Fille ; il paroît qu'elle fait alaiter les deux Garçons par une Chêvre, & nourrit fa Fille, qui paroît beaucoup plus délicate que les Garçons : il eft de cinq pieds de large, fur trois pieds dix pouces de haut : de *Kalfiliany*.

N°. 39. Un Tableau peint fur bois, repréfentant la Femme adultere, de deux pieds neuf pouces six lignes de haut, fur deux pieds trois pouces de large, par un des premiers Peintres qui ait peint à Rome en huile, parce qu'avant l'on ne peignoit qu'à frefque. Ce Tableau eft d'autant plus curieux, qu'il eft d'un coloris & d'une vivacité de pinceau admirable : de *J. Bellin.*

Raphael, qui eft venu après lui, a pris fon même coloris.

N°. 40. Une belle copie du Saint Jean, de *Raphael*, de la même grandeur que celui qui eft au Palais Royal. *Raphael.*

N°. 41 & 42. } Deux Pendans fur bois ; un qui repréfente une Fille qui fe lave les mains ; & l'autre une Fille qui s'habille ; de quinze pouces de large, fur dix-huit pouces de haut : de *Teftbourg.*

N°. 43. Un Tableau repréfentant une Cuifine, dans laquelle eft une vieille Femme qui file ; l'on y voit un Canard qui eft pendu au croc, des Uftenfiles de Cuifine, & plufieurs Légumes ; il eft de deux pieds huit pouces de large, fur vingt-un pouces de haut : fur les derniers ans de *Teniere.*

N°. 44 & 45. } Deux Tableaux Payfages repréfentans beaucoup d'Animaux & Figures propres à mettre dans les plus beaux Cabinets, en belles bordures ; ils ont trente-un pouces de large, fur vingt-deux pouces fix lignes de haut : de *Claude le Lorrain.*

N°. 46. Une Copie de l'Ecole d'Athènes peinte fur toile. Ce Tableau eft fi bien peint, qu'il peut entrer dans les plus beaux Cabinets ; il eft de qua-

tre pieds de large, fur trois pieds de haut, par le
Carache.

N°. 47. Un Payfage, où on voit une Charette,
un défilé de Troupes, & plufieurs Chevaux ; il
a deux pieds fept pouces de large, fur 21 pouces
fix lignes de haut : de *Vandremeulem*.

N°. 48 } Deux Tableaux pendans, un de
& 49. } *Rubens*, & l'autre de *Jourdain*, de
vingt-deux pouces de largeur, fur onze pouces
de hauteur.

N°. 49 *bis*. Un Tableau peint fur toile, repréfentant un Retour de Chaffe, où font repréfentées
fept Figures humaines, par *Pierre Rubens*, cinq
Chiens, deux Liévres, différens Gibiers & plufieurs fortes de Fruits, par *Senefdre*. Ce Tableau
porte fix pieds fix pouces de large, fur quatre
pieds cinq pouces de haut. Il fut d'abord exécuté
en plus grand, les Figures étant peintes avec leurs
pieds. Ayant été vu par M. Vanonque, Membre
de la Magiftrature de la Haie, & qui poffédoit
un des plus beaux cabinets du Pays, il pria Rubens
de lui en faire un femblable, mais en longueur,
attendu que la place qu'il lui deftinoit ne permet-
toit pas qu'il fût fi haut; c'eft ce qui fit que Rubens ne les peignit que jufqu'aux genoux. Parce
que Rubens a employé d'abord fon meilleur Dif-
ciple pour commencer l'Ouvrage, dira-t-on pour
cela qu'il n'eft pas de lui ? Ne fuffit-il pas que ce
fameux Peintre fe reconnoiffe à chaque trait de ce
grand Ouvrage ? Les Connoiffeurs ne pourront
difconvenir de l'originalité de ce Tableau, lorf-
qu'ils le confidereront ; ils verront toute la force
& la vigueur dont ce Tableau fe trouve rempli,
& reconnoîtront la vivacité & la perfection que

cet Homme ſans pareil avoit coutume de donner au coloris. Quant à *Seneſdre*, de qui ſont les Animaux, le Fruit & le Gibier, chacun ſait que cet Homme ſi rare, qui travailloit de temps en temps pour Rubens, ne le faiſoit que par l'eſtime qu'il avoit pour lui ; il eſt facile de connoître le mérite & la valeur de ce Tableau. *Rubens*.

N°. 50. Un Tableau peint ſur toile, repréſentant Magdeleine pénitente. L'on reconnoît à ce Tableau qu'il n'y a que de grands Peintres qui aient pû donner une grace dans le coloris ; la triſteſſe eſt ſi bien exprimée ſur ſon viſage, que l'on croit voir couler des pleurs de ſes yeux : du *Titien*.

N°. 51. Une Vierge avec un Enfant Jeſus ſur ſes genoux, Saint Joſeph au-deſſus, & Saint Jean, Paſtiges de *Teniere*, d'un pied deux pouces neuf lignes de large, ſur un pied de haut, dans le goût de Benedette : de *Teniere*.

N°. 52. Un Tableau peint ſur cuivre. On ne peut pas aſſurer ſi c'eſt de *Breugher de Velours*, ou de *Paul Bril* ; il ſuffit qu'il peut entrer dans les plus beaux Cabinets : il eſt de treize pouces de large, ſur dix pouces neuf lignes de haut.

N°. 53. Un Tableau repréſentant un Hiver ; on voit un Village, les Champs couverts de neige, un Ramoneur de cheminée qui traverſe les Champs, de treize pouces de haut, ſur dix pouces ſix lignes de large, peint ſur toile ; il eſt de *D. Teniere*.

N°. 54. Un Tableau peint ſur toile, repréſentant le Portrait de Languian, peint avec une main ; la fierté avec laquelle il eſt repréſenté, fait aſſez connoître le pinceau de *Vandick* : il eſt de trois pieds huit pouces de haut, fur deux pieds neuf pouces de large: de *Vandick*.

N°. 55. Un Tableau peint fur toile, repréſentant un Payſage plus beau qu'un Gaſpe, tant le Ciel eſt admirable; les Arbres ſont très-bien feuillés, les Montagnes tiennent beaucoup de *Salvator Roſe*; les Figures en ſont fort bien deſſinées. Au bas eſt une Montagne, où on voit un Boucher qui conduit un Cheval chargé de peaux d'Animaux; au milieu eſt une Riviere, où il y a un Bateau rempli de Perſonnes qui vont ſe baigner; au-devant deux Hommes qui nagent: il porte trois pieds de large, fur deux pieds neuf pouces de haut, de *Noquatelly*.

N°. 56 & 57. } Deux petits Tableaux repréſentans les deux Egliſes d'Anvers, peints fur cuivre, de huit pouces ſix lignes de large, fur ſix pouces trois lignes de haut, par *Peſtreneſſe*.

N°. 58 & 59. } Deux petits Pendans peints fur toile, repréſentans des Payſages, de *Vinance*, Maître de *Vouvermans*, de huit pouces ſix lignes de large, fur ſix pouces neuf lignes de haut.

N°. 60. 61. 62 & 63. } Quatre Tableaux repréſentans pluſieurs Fruits & Fleurs, dans un deſquels il y a une Femme qui tient une Corbeille de fruits. Ces quatre Tableaux ſont propres à mettre dans une Salle à manger.

N°. 64. 65. 66 & 67. } Quatre Tableaux repréſentans les quatre Saiſons, peints fur toile, en Payſages & Figures; ils ont chacun vingt-ſix pouces de long, fur dix-huit pouces de haut.

Nº. 68. Une Descente de Croix, de *Bassan*, de quatre pieds de long, sur deux pieds & demi de haut. *Bassan*.

ÉBÉNISTERIES.

Nº. 69. Un magnifique Prié-Dieu de bois satiné ; les Ornemens de Marqueterie en bois violet, Ouvrage sans pareil, de deux pieds de large.

Nº. 70.
71
& 72. } Une Commode avec ses deux Encoignures, en bois Amarante, & bois satiné, les Bronzes dorés en or moulu ; sur la Commode, un Jeu d'Enfans qui font voltiger un Singe sur une corde.

Nº. 73.
74
& 75. } Une Commode & deux Encoignures en Marbre d'Alep, garnies de Bronze en or moulu, où il y a différentes Figures.

Nº. 76
& 77. } Deux Commodes de bois Amarante & bois satiné, les Bronzes, Palmes & Fleurs de Bronze doré d'or moulu, les Marbres de *Serracolin*, de quatre pieds six pouces de long, à deux tiroirs.

Nº. 78
& 79. } Deux Commodes de Bagnolette de même bois que les précédentes ; une de 4 pieds 5 pouces, le Marbre de Gruiotte ; & l'autre de Marbre de Bresche violet, de 3 pieds 10 pouces 6 lignes, les Bronzes d'or moulu.

Nº. 80. Une Commode de même bois que ci-dessus, les Ornemens legers ; il y a un tiroir où il y a dessus deux têtes de Dragon, le Marbre en petites pieces d'Agathe, tout ce qu'il y a de plus
rare,

rare, de quatre pieds trois pouces de long, d'or moulu.

N°. 81. Une autre Commode de même bois que ci-dessus, les Ornemens sont treffés très-légérement; il y a deux Pagodes sur les deux tiroirs, le Marbre de Bresche violet, de trois pieds sept pouces de long.

N°. 82.
83.
84
& 85.
} Deux paires d'Encoignures de même bois que les Commodes, garnies de Palmes & Fleurs, de deux pieds d'Encoignures, le Marbre de Bresche d'Alep.

N°. 86.
87.
88
& 89.
} Deux autres paires d'Encoignures, avec un Marbre de *Serracolin*; sur les portes sont beaucoup d'Oiseaux sur les branches, qui font la guerre à un Hibou qui est dans une touffe d'Arbres; c'est ce qu'on appelle la pipée : le tout en Bronze d'or moulu, les Marbres d'Italie.

N°. 90
& 91.
} Deux Commodes de bois Amarante plus riches, de Bronze & Fleurs dorées en or moulu; les Marbres sont de Gruiotte le plus parfait, à la Harang.

N°. 92. Une commode de bois des Indes, garnie de ses Bronzes en couleur, deux tiroirs de hauteur, Marbre de Flandre, de quatre pieds, à la Bagnolette.

N°. 93. Une Commode de bois satiné, avec des Bronzes fort riches, des bandes sur les tiroirs en couleur, le Marbre de Flandre, du plus beau, de quatre pieds six pouces de long.

B

N°. 94. Un Secretaire servant de Commode ; le dessus se tire & sert de Bureau ; il se leve en rase de la Table à écrire, & on y trouve toutes sortes de commodités dedans, de trois pieds de large, sur deux pieds & demi de haut.

N°. 95. Un magnifique Bureau, avec son serre-Papier, portant sa Pendule, de bois Amarante & bois satiné, les Bronzes dorés d'or moulu, de cinq pieds sept pouces ; le serre-Papier a de large deux pieds huit pouces.

N°. 96. Un autre serre-Papier portant sa pendule, les Bronzes dorés d'or moulu.

PENDULES.

N°. 97. Une magnifique Pendule à secondes, sans mouvement. On laisse aux Amateurs & Curieux d'en examiner les Bronzes, la dorure & les allégories, pour en fixer le prix.

N°. 98 & 99. } Deux autres Pendules à secondes, de bois Amarante, les Bronzes en couleur, sans mouvement, de grandeur ordinaire.

N°. 100. Une Pendule de Marqueterie bien ornée de Bronzes, avec une Figure de Leydat, & autres Attributs : le mouvement de M. Hervé.

N°. 101. Une Pendule d'Ebene, propre à mettre sur un Bureau, avec son mouvement, de M. Hervé.

N°. 102. Une Pendule avec son pied de Marqueterie & son mouvement, garnie de ses Bronzes dorés : elle est à répétition.

N°. 103. Une Pendule admirable.

MIROIRS.

N°. 104. Un grand Miroir de six pieds trois pouces de haut, en bordure de Bronze doré en or moulu.

N°. 105. Un Trumeau en deux glaces, avec sa bordure de Bronze doré, portant six pieds trois pouces de haut, sur quatre pieds trois pouces de large, sans le couronnement.

N°. 106. Un Trumeau à trois glaces, portant sept pieds de haut, sur deux pieds dix pouces de large.

N°. 107. Un Miroir, avec sa bordure dorée, de six pieds de haut, & deux pieds dix pouces de large, y compris les Pilastres.

N°. 108. Un grand Miroir; la glace porte soixante pouces de hauteur, & quarante-un de large, bordée de Pilastres de Marqueterie, avec son couronnement, bordé de Bronze d'or moulu.

N°. 109 & 110. } Deux magnifiques Médailliers. On laisse aux Connoisseurs d'en faire l'estimation, tant pour la propreté que la richesse.

N°. 111 & 112. } Deux Potpouris garnis de leurs Ornemens, en Bronze doré d'or moulu.

N°. 113 & 114. } Deux Urnes en Calebasses.

Nº. 115
& 116. } Deux Urnes, avec leurs Ornemens bleus.

Nº. 117. Un Cornet de Porcelaine en bleu & blanc.

Nº. 118.
119
& 120. } Trois autres Cornets semblables au Nº. ci-devant, en Porcelaine, bleus & blancs.

Nº. 121. Un Groupe de deux Figures en Porcelaine, une Fille & un Garçon qui lui vole son Moineau dans la Cage, & un Chien en Porcelaine de Saxe des plus beaux.

Nº. 122. Un Groupe de deux Figures, Mezetin & Scapin qui lui passe entre les jambes, en Porcelaine de Saxe du plus parfait.

Nº. 123. Un Groupe de deux Figures, Porcelaine de Saxe, Scapin qui montre une Andouille à une jeune Fille, qui veut la lui arracher.

Nº. 124. Une magnifique Fontaine à fleurs de Lys, avec cinq Enfans de Porcelaine de Saxe, ornée magnifiquement en Bronze doré d'or moulu.

Nº. 125
& 126. } Deux Groupes de Bronze, dont l'un représente des Lutteurs, & l'autre Caïn qui tue son Frere Abel.

Nº. 127
& 128. } Deux autres Groupes de vingt-un pouces de haut, dont l'un représente Amphitrite, & l'autre la Figure de Mars.

Nº. 129. Une Athalante de même grandeur.

Nº. 130. Une Diane de même grandeur.

N°. 131. Un Zéphir de même grandeur.

N°. 132. Venus qui confidere l'Amour dans fon Char fur un Rocher.

N°. 133. Andromede enchaînée à un Rocher, réparé par le Sieur Creffent, pour M. le Lorrain, qui en a fait le modele.

N°. 134 & 135. } Le Centaure qui enleve une Sabine, & l'autre qui enleve la belle Helene.

N°. 136 & 137. } Deux Figures, une Ecorchée, & l'autre une Danfeufe qui danfe au fon de fes Claques, de onze pouces de haut.

N°. 138. Un petit Bufte de Louis XIV.

N°. 139. Une feconde Figure d'Athalante, comme la précédente.

N°. 140 & 141. } Deux Buftes de Bronze. Le premier, Flore. Le fecond, l'Afrique.

N°. 142. Un Gladiateur.

N°. 143. Un Hermaphrodite couché fur un matelas, de quinze pouces de proportion.

N°. 144. Deux Crucifix de Buis, les Bras tout d'une piece, fur une Croix Amarante, faits par le Sieur Creffent.

N°. 145. Le Portrait de Louis XIV. en Médaille. Ce Marbre, grand comme nature, fait par le Sieur Cressent, en ovale, de trois pieds neuf pouces de haut.

N°. 146 & 147. ⎫ Deux Crucifix en bois de chêne, un de deux pieds six pouces de haut, & l'autre de trois pieds neuf pouces, fait par le Sieur Cressent.

N°. 148. Une Cheminée de Marbre de *Serracolin*, du plus parfait, de quatre pieds en dedans de la Cheminée, garnie de Bronze d'or moulu.

N°. 149. Douze ovales représentans les douze Empereurs, en Bronze, en bas relief, comme nature, sur un fond de bois noir, garnis en bordures dorées.

N°. 150. Un Buste de M. le Duc d'Orleans, mort à Sainte Genevieve, fait en Plâtre par le Sieur Cressent : le pareil est en Bronze à Sainte Genevieve.

Nota. *Il se trouvera dans la Vente plusieurs Ouvrages d'Ebénisterie, comme Pendules, Commodes, & même beaucoup de Modeles de Bronze non parachevés.*

Lu & approuvé ce 6 Mars 1765. MARIN.

Vu l'Approbation : Permis d'imprimer ce 7 Mars 1765. DE SARTINE.

www.ingramcontent.com/pod-product-compliance
Lightning Source LLC
Chambersburg PA
CBHW030111230526
45471CB00003B/1371